Sylvie Lainé

Le pendentif

Three Easy Short Stories

with english glossaries throughout the text

~ Past tense ~

Easy French Reader Series for Beginners

Easy French Editions, 14140 Sainte Marguerite des Loges, France
e-mail : s.laine@web.de

ISBN : 9782370610164

Table des matières

Le pendentif

À l'époque°, j'habitais à Honfleur, en Normandie. J'étais collectionneur° de fossiles.

à l'époque : at that time
collectionneur (m.) : collector

J'aimais bien les fossiles. Ils étaient mystérieux. J'avais une grande collection. Ma femme s'appelait Odile. Elle n'aimait pas les fossiles. Elle était architecte ; elle aimait la modernité. J'avais un chien. Il s'appelait Omer. Il était toujours avec moi. Il était petit et mignon°.

mignon(ne) : cute

Je cherchais les fossiles sur le sable°. Omer cherchait avec moi. Mais il aimait surtout° courir°. Les fossiles étaient nombreux°. Mais les fossiles vraiment° intéressants étaient très rares. Je cherchais longtemps°.

sable (m.) : sand
surtout : above all
courir : to run
nombreux (-se) : numerous
vraiment : really
longtemps : long, a long time

Quand il faisait beau, il y avait beaucoup de gens sur la plage°. Les gens avaient des serviettes°, des parasols, des chaises pliantes° ; ils aimaient bronzer°. Les enfants avaient des ballons, des seaux° et des pelles° ; ils jouaient sur la plage. Ils couraient et criaient°. C'était bien, mais je préférais être seul°.

plage (f.) : beach
serviette (f.) : towel
pliant(e) : folding
bronzer : to get a suntan
seau (m.) : bucket
pelle (f.) : shovel
crier : to shout
seul(e) : alone

J'allais plus loin° ; il y avait une plage sauvage°. Là, il n'y avait pas de maisons, pas de magasins, pas de toilettes, pas de douches°, donc il n'y avait personne°. Là, Omer et moi, nous cherchions des fossiles. Parfois, nous trouvions un fossile rare. Alors nous étions très contents.

plus loin : farther
sauvage : wild
douche (f.) : shower
ne...personne : nobody

Nous restions° longtemps sur la plage. Et j'oubliais° le temps°. Je préférais l'hiver°. Pendant° cette saison, Omer et moi nous étions seuls. Nous écoutions le vent°, la mer° et les mouettes°. Tout était calme, et c'était très agréable. Heureusement°, j'avais mon portable°.

rester : to stay
oublier : to forget
temps (m.) : time
hiver (m.) : winter
pendant : during
vent (m.) : wind
mer (f.) : see
mouette (f.) : seagull
heureusement : fortunately
portable (m.) : cell phone

Je restais souvent très longtemps sur la plage. Alors ma femme m'appelait pour dîner. Heureusement, la maison n'était pas loin°. Je rentrais° avec mon vélo°. Omer courait° derrière° moi. Ma femme Odile était très gentille. Mais elle n'aimait pas les fossiles. C'était dommage. Heureusement, elle cuisinait° bien.

loin : far away
rentrer : to come back home
vélo (m.) : bike
courir : to run
derrière : behind
cuisiner : to cook

Je travaillais pour le muséum d'Histoire Naturelle. J'aimais mon métier° et j'étais heureux. Les fossiles étaient passionnants ; ils racontaient° une histoire. Ils étaient aussi très beaux. Il y avait des fossiles plantes et des fossiles animaux. Ils étaient souvent° très petits. Ils étaient transformés en pierre°. Ces animaux et ces plantes étaient très vieux.

métier (m.) : job
raconter : to tell
souvent : often
pierre (f.) : stone

Ce soir-là, j'ai eu de la chance°. J'ai trouvé° un magnifique fossile. J'ai montré° mon fossile à Omer. Il était content aussi ; c'était une belle découverte. Il avait sûrement cinq cent mille ans. Je l'ai mis° dans une petite boîte°. J'ai continué ma promenade, les yeux° fixés sur le sable.

avoir de la chance : to be lucky
trouver : to find
montrer : to show
mettre : to put
boîte (f.) : box
les yeux : the eyes

Tout à coup°, Omer a aboyé°. J'ai regardé mon chien. Il m'a regardé. Sous sa patte°, un objet brillait°. J'ai dit : « Tu es un bon chien. Tu as trouvé un fossile ? » J'ai ramassé° l'objet ; ce n'était pas un fossile. C'était un bijou° ancien, avec une photo.

tout à coup : suddenly
aboyer : to bark
patte (f.) : paw
briller : to shine
ramasser : to pick up
bijou (m.) : jewel

Sur la photo, j'ai vu un joli visage° de jeune fille. C'était un pendentif°. Je l'ai retourné°, et j'ai lu ces mots : « À toi, pour toujours°. Geneviève, Honfleur 1952. » C'était un beau bijou. Mais il appartenait° à qui ?

visage (m.) : face
pendentif (m.) : pendant
retourner : to turn around
à toi, pour toujours : yours for ever
appartenir (à) : to belong (to)

Omer a aboyé encore une fois°. Je l'ai regardé et j'ai dit: « D'accord, Omer. Nous allons chercher le propriétaire de ce bijou. C'est sûrement un souvenir très précieux. » J'ai mis° le bijou dans la petite boîte, avec le fossile.

encore une fois : one more time
mettre : to put

J'ai réfléchi°. Geneviève avait peut-être° 25 ans en 1952. Donc aujourd'hui°, elle avait 83 ans. Omer a aboyé une troisième fois. J'ai répondu : « Oui, Omer ; c'est très facile. Nous allons trouver Geneviève. Elle habite peut-être encore à Honfleur. »

réfléchir : to think, to reflect
peut-être : perhaps, maybe
aujourd'hui : today

Je suis retourné en ville et j'ai pris mon vélo. Honfleur n'était pas loin. C'était tout près d'ici°. Je suis arrivé à Honfleur. Je suis allé au café Chez Jean, sur le port°. Je me suis assis° à une table de la terrasse. Il faisait beau ; le soleil brillait. C'était le soir ; les magasins étaient fermés, et il n'y avait pas beaucoup de monde°.

tout près d'ici : nearby
port (m.) : harbour, port
s'asseoir : to sit down
beaucoup de monde : many people

J'avais soif° ; j'avais envie° d'un rafraîchissement°. Le serveur est arrivé. « Vous désirez ?
— Une limonade, s'il vous plaît. »

j'avais soif : I am thirsty
avoir envie de : to feel like, to want
rafraîchissement (m.) : refreshment

Après quelques° minutes, le serveur a apporté° ma limonade. J'ai demandé: « Le patron est là ? » Il a répondu :
« Il rentre° à sept heures. Vous pouvez attendre° ?
— Oui, pas de problème. »

quelques : a few
apporter : to bring
rentrer : to come back
attendre : to wait

J'ai décidé d'attendre. Quelques nuages° arrivaient, mais il faisait encore doux°. La température était agréable. Des pigeons se promenaient° sur le trottoir°. Ils picoraient° des miettes°. Dans le port, un petit bateau° de pêche° blanc et bleu passait°. Plus loin, un groupe de touristes faisait des photos.

nuage (m.) : cloud
doux (-ce) : mild
se promener : to walk around
trottoir (m.) : pavement, sidewalk
picorer : to peck
miette (f.) : crumb
bateau de pêche : fishing boat
passer : to go past

Le serveur est revenu° avec un bol° d'eau. Il a dit : « Un bol d'eau pour votre chien. » Et il a posé° le bol sous la table. J'ai dit: « Merci, c'est très gentil. » Omer était très content ; il a bu.

revenir : to come back
bol (m.) : bowl
poser : to put

Un peu plus tard°, le patron est enfin arrivé.
« Bonjour monsieur Paulin. Comment allez-vous ?
— Je vais bien, merci. Et vous ? »

un peu plus tard : a little later

Il s'appelait Jean Galettière. C'était un homme grand et mince°. Il avait environ° 75 ans. Il n'aimait pas la retraite° ; il préférait travailler. Heureusement, il adorait° son travail. J'ai dit: « J'ai une question. Connaissez-vous une certaine Geneviève à Honfleur ? Elle doit° avoir aujourd'hui environ 83 ans. »

mince : thin
environ : around, about
retraite (f.) : retirement
adorer : to love
devoir : must

Monsieur Galettière a réfléchi°. Il a répondu : « Je crois que oui. Mais je ne la vois° plus depuis longtemps. Je crois° qu'elle habitait au 2 rue° de la Bouteille de lait°. »

réfléchir : to think, to reflect
voir : to see
croire : to believe
rue (f.) : street
bouteille (f.) de lait : milk bottle

J'ai ouvert° ma petite boîte à fossiles. J'ai montré le bijou à monsieur Galettière. Il était très abimé° et vieux. Monsieur Galettière a dit : « Il est malheureux°. Il est perdu° depuis° longtemps. » Monsieur Galettière parlait toujours comme ça°. Pour lui, les objets étaient vivants°. Il a regardé la petite photo. « Oui, je crois que je connais° ce visage°. »

ouvrir : to open
abimé(e) : damaged
malheureux (-se) : unhappy
perdu(e) : lost
depuis longtemps : for a long time
comme ça : like that
vivant(e) : alive, living
connaître : to know
ce visage (m.) : this face

J'ai dit merci et j'ai remis le bijou dans la petite boîte. Mon téléphone portable a sonné°. C'était Odile, ma femme. Elle m'appelait pour dîner. J'ai dit : « Je rentre dans cinq minutes, ma chérie. » Je me suis levé et j'ai serré la main° de monsieur Galettière : « Bonne soirée° ! »

sonner : to ring
serrer la main : to shake hands
soirée (f.) : evening

Le lendemain matin°, je me suis levé à neuf heures. J'ai pris mon petit déjeuner, et je suis allé en vélo au 2 rue de la Bouteille de lait. Il faisait très beau ; c'était dimanche. Les magasins étaient fermés. Les mouettes criaient° dans le ciel. L'atmosphère était joyeuse ; il y avait une fête dans la ville. Beaucoup de gens se promenaient dans les rues. Au port, j'ai dû descendre° de mon vélo. Devant la mairie°, une chorale° chantait des chansons célèbres.

le lendemain matin : the next morning
crier : to shout, to cry
descendre : get off
mairie (f.) : town council
chorale (f.) : choir

Bientôt, je suis arrivé dans un quartier plus calme. La maison que je cherchais était une jolie maison blanche avec des volets° bleus. La rue de la Bouteille de lait était très étroite°. J'ai posé mon vélo contre° le mur, et j'ai frappé° à la porte°. J'ai entendu une voix° derrière la porte. « Un instant, s'il vous plaît. » Une minute plus tard°, la porte s'est ouverte°.

volet (m.) : shutter
étroit(e) : narrow
contre : against
frapper : to knock
porte (f.) : door
voix (f.) : voice
plus tard : later
s'ouvrir : to open

Un monsieur âgé° est apparu°. J'ai dit : « Bonjour monsieur. Excusez-moi de vous déranger°. Je cherche une dame. Elle s'appelle Geneviève. Elle habite ici ? »

Il a répondu : « Ma foi°, oui ! C'est mon épouse°. Je vais l'appeler. Entrez, je vous prie°. »

âgé(e) : old, elderly
apparaître : to appear
déranger : to disturb
ma foi, oui : well, yes
épouse (f.) : wife, spouse
je vous prie : please

Je suis entré dans la maison. J'étais dans une jolie salle à manger. Tout était propre et bien rangé°. J'ai vu une table et six chaises, et une petite cheminée°. Il y avait un grand vase sur la table. Un chat dormait° sur le fauteuil°. Heureusement, Omer était resté° à la maison. Après quelques minutes, le monsieur est revenu° avec une dame âgée.

bien rangé(e) : tidy, neat
cheminée (f.) : fireplace
dormir : to sleep
fauteuil (m.) : armchair
rester : to stay
revenir : to come back

Elle était très petite, et ses cheveux étaient blancs. Elle a souri° et a dit : « Bonjour monsieur. Vous désirez me parler ? » J'ai pris ma petite boîte, et j'ai montré° le bijou. J'ai dit : « J'ai trouvé cet objet sur la plage. C'est à vous° ? »

sourire : to smile
montrer : to show
c'est à vous ? : is it yours ?

La petite dame a regardé le bijou et a ouvert° de grands yeux. J'ai vu l'émotion sur son visage° ; puis un grand sourire° est apparu. Elle a regardé son mari°. Lui aussi semblait° très content. Il a dit :

« J'ai perdu° ce pendentif il y a° environ dix ans. J'étais sur la plage, à la pêche° aux coques°. Cette perte° était une catastrophe pour moi. »

ouvrir : to open
visage (m.) : face
sourire (m.) : smile
mari (m.) : husband
sembler : to seem
perdre : to lose
il y a 10 ans : 10 years ago
pêche (f.) : fishing
coque (f.) : cockle
cette perte (f.) : this loss

Le vieil homme a pris l'objet dans ses mains. Il m'a regardé et a dit : « C'est un miracle ! Comment l'avez-vous trouvé ? »

Alors j'ai raconté° les circonstances de ma découverte. Les deux petites personnes étaient ravies°. J'ai vu le bonheur° dans leurs yeux. J'ai dit au revoir, et j'ai repris mon vélo.

raconter : to tell
ravi(e) : delighted
bonheur (m.) : happiness

Sur le chemin du retour°, je suis passé devant° le café. Monsieur Galettière était sur la terrasse. Il préparait les tables pour le déjeuner.
« Bonjour, monsieur Galettière ! C'était la bonne adresse. Geneviève et son mari ont retrouvé leur pendentif.
— Magnifique ! a répondu monsieur Galettière, vous avez rendu° son sourire° à la petite photo... »

chemin (m.) du retour : way back
devant : in front of
rendre : to give back
son sourire (m.) : its smile

L'homme à tête de cheval

C'était en mars, pendant° les vacances de Pâques°. Cette année-là, comme° tous les ans, je suis allé à Peynac. Peynac était un beau village, dans le sud de la France. J'ai pris le TGV° à Paris, jusqu'à° Narbonne.

pendant : during
Pâques : Easter
comme : as
TGV (m.) : Train Grande Vitesse (high speed train)
jusqu'à : until, up to

C'était rapide ; en quatre heures, j'étais à Narbonne. Là, j'ai pris le bus pour Peynac. J'aimais beaucoup le trajet° en bus. Je regardais le paysage°. Il était magnifique ; il y avait des collines° et des lacs°. Des hérons pêchaient° le poisson.

trajet (m.) : journey
paysage (m.) : landscape
colline (f.) : hill
lac (m.) : lake
pêcher : to fish

J'étais presque° seul° dans le bus. Ce n'était pas la saison touristique. Il y avait un monsieur devant° moi. Je voyais° seulement° ses cheveux blancs. Il voyageait seul, comme moi.

presque : almost
seul(e) : alone
devant : in front of
voir : to see
seulement : only

Mais tout à coup°, il a tourné° la tête°. Son visage° était sérieux, mais aimable°. Il m'a regardé et il a dit : « Aujourd'hui°, vous allez rencontrer° votre destin° ! »

tout à coup : suddenly
tourner : to turn
tête (f.) : head
visage (m.) : face
aimable : friendly
aujourd'hui : today
rencontrer : to meet
destin (m.) : destiny

Je n'ai pas eu le temps° de répondre°. Il s'est levé° et il est descendu° à la première station. Je suis resté° dans le bus, étonné. Je me suis dit° : « C'est un original. » Pendant quelques minutes, je suis resté à ma place, perplexe°. « Mon destin ?... » Mais finalement, je n'ai plus° pensé° à cette étrange personne.

temps (m.) : time
répondre : to answer
se lever : to stand up
descendre : to get down
rester : to stay
se dire : to say to yourself
perplexe : puzzled
penser : to think
ne...plus : no longer

Dix minutes plus tard°, le bus est arrivé dans le village. Je suis descendu et j'ai continué à pied°. Mon hôtel n'était pas très loin°. Il était au bord° du lac. Il y avait un autre hôtel dans le centre du village, mais je préférais l'Hôtel du Lac. Il offrait° une vue splendide sur le paysage.

plus tard : later
à pied : on foot
loin : far away
au bord de : at the edge of
offrir : to give, to offer

Quand° je suis arrivé à l'hôtel, il était deux heures de l'après-midi°. Il faisait beau ; le ciel° était bleu. Il ne faisait pas très chaud°. C'était normal, c'était le début° du printemps°.

quand : when
après-midi (m.) : afternoon
ciel (m.) : sky
chaud(e) : warm
début (m.) : beginning
printemps (m.) : spring

Je suis arrivé à mon hôtel. La propriétaire° était à la réception. Elle s'appelait madame Murier. C'était une grande femme brune très sympathique. Elle avait environ° quarante-cinq ans. Elle a dit : « Bonjour, monsieur Quentin. Vous avez fait bon voyage ?
— Un excellent voyage, merci. Comment allez-vous ?
— Très bien, merci. La chambre bleue est prête°. Vous avez l'habitude°.
— C'est parfait, merci. Il n'est pas trop tard pour déjeuner ? Je n'ai pas mangé dans le train. J'aime tellement° votre cuisine ! J'espère que le restaurant est ouvert°... »

propriétaire (m.) : owner
environ : about, around
prêt(e) : ready
vous avez l'habitude : you are used, accustomed to it
tellement : so much
ouvert(e) : open

Madame Murier a souri° : « Oui, il est encore° ouvert. Et il n'est pas trop tard. Il reste° du poisson à l'estragon°. C'est le plat° du jour. » J'ai répondu, ravi° : « C'est parfait. Je dépose° ma valise° et j'arrive. »

sourire : to smile
encore : still
rester : something is left, remains
estragon (m.) : tarragon
plat (m.) du jour : dish of the day
ravi(e) : delighted
déposer : to put down
valise (f.) : suitcase

Je suis allé dans ma chambre, au premier étage°. C'était la chambre bleue. Elle était petite mais confortable. Les murs° étaient bleus ; les draps° étaient blancs ; les rideaux° étaient bleus aussi. Il y avait une fenêtre° et un balcon avec vue sur le lac et les vignes°. Le calme était parfait. J'étais content°.

étage (m.) : floor
mur (m.) : wall
drap (m.) : bed sheet
rideau (m.) : curtain
fenêtre (f.) : window
vigne (f.) : vineyard
content(e) : pleased

Mais je ne suis pas resté dans la chambre. J'ai redescendu° l'escalier°. Le restaurant de l'hôtel était au rez-de-chaussée°. J'ai choisi une table, près° de la fenêtre. J'étais le dernier client : il y avait seulement deux ou trois personnes dans le restaurant. Elles terminaient leur café. Le serveur m'a apporté° du poisson avec des pommes° de terre et de la salade. Le repas° était délicieux. Le poisson était frais, les pommes de terre étaient fondantes°.

redescendre : to go down again
escalier (m.) : stairs
rez-de-chaussée (m.) : ground floor
près de : near
apporter : to bring
pomme (f.) de terre : potato
repas (m.) : meal
fondant(e) : very tender

Après le café, je me suis levé. À la réception, j'ai dit à madame Murier : « C'était délicieux, madame Murier.
— Tant mieux° ! Le poisson est de la région. » Elle a ajouté° : « Vous faites une promenade°, cet après-midi ? Vous pouvez aller au marché. C'est aujourd'hui, comme tous les mardis.

tant mieux : so much the better
ajouter : to add
promenade (f.) : walk, stroll

— Très bonne idée. Il me faut° un cadeau° pour des amis. Pourquoi pas une bouteille° de vin ?
— Alors°, c'est l'endroit° idéal. Malheureusement°, la météo annonce de la pluie° pour cet après-midi.
— Ce n'est pas grave°. J'ai mon parapluie°. Merci du conseil°. Et bon après-midi !
— Bon après-midi ! » a répondu madame Murier.

il me faut : I need
cadeau (m.) : gift
bouteille (f.) de vin : bottle of wine
alors : then
endroit (m.): place
malheureusement : unfortunately
pluie (f.) : rain
ce n'est pas grave : it doesn't matter
parapluie (m.) : umbrella
conseil (m.) : advice

J'ai pris mon manteau°. Je n'étais pas pressé°. Je suis resté quelques minutes devant l'hôtel. J'ai marché° un peu. J'ai admiré le lac. J'aimais cette saison. Elle était calme et tranquille, idéale pour se reposer°. Et la nature était belle. C'était le début du printemps. Les premiers° amandiers° fleurissaient°.

manteau (m.) : coat
pressé(e) : hurried
marcher : to walk
se reposer : to rest
premier (-ière) : first
amandier (m.) : almond tree
fleurir : to blossom

Il n'y avait personne° ici. Seulement des oiseaux° sur le lac et les premières abeilles° sur les fleurs de romarin. Je respirais° l'air frais. J'étais heureux et satisfait. Trop° heureux pour craindre° l'avenir°.

ne...personne : nobody
oiseau (m.) : bird
abeille (f.) : bee
respirer : to breathe
trop : too
craindre : to fear
avenir (m.) : future

J'ai pensé° au vieux prophète, dans le bus. Je me suis demandé° : « Je vais vraiment rencontrer mon destin ? Une personne charmante°, peut-être°. Pourquoi pas ? »

Une personne charmante ? J'ai souri, le cœur léger°, et j'ai commencé à rêver°...

penser : to think
se demander : to wonder, to ask yourself
charmant(e) : charming, delightful
peut-être : maybe
léger (-ère) : light
rêver : to dream

Je suis donc allé au marché de Peynac. Comme tous les mardis, les marchands étaient sur la place. Il y avait beaucoup de monde°. Les gens° se promenaient° entre° les stands. Ils achetaient des fruits, des légumes°, du fromage... Les marchands appelaient les clients ; ils parlaient fort°. Il y avait beaucoup de bruit°. L'ambiance était animée.

beaucoup de monde : many people
les gens (m. pl.) : the people
se promener : to go for a walk, to walk
entre : between
légume (m.) : vegetable
fort (adv.) : loudly
bruit (m.) : noise

Bien sûr°, il y avait aussi un marchand de vins. J'ai admiré ses bouteilles. Il avait beaucoup de crus° régionaux. J'ai dit au marchand : « Bonjour, monsieur. Je voudrais un vin de Peynac, s'il vous plaît.
— Certainement, monsieur. Vous voulez goûter° ?
— Avec plaisir. »

bien sûr : of course
cru (m.) : vintage (of wine)
goûter : to taste

Le marchand m'a donné° un petit verre° de vin. J'ai goûté. Il n'était pas mal°. Il était même° parfait pour mes amis. Pendant° que je réfléchissais°, un autre client est arrivé. Il a demandé au marchand : « Vous avez du sel° de Guirec ? »

donner : to give
verre (m.) : glass
pas mal : not bad
même : even
pendant que : while
réfléchir : to think
sel (m.) : salt

Après tout°, pourquoi en° parler ? C'était un client : quelqu'un qui faisait ses courses°, comme tout le monde°. Eh bien°, pourtant°, ce n'était pas quelqu'un comme tout le monde…

après tout : after all
en (pronom) : about it
faire les courses : to do the grossery shopping
tout le monde : everyone
eh bien : well
pourtant : yet, though

D'abord°, sa voix° était étrange. C'était une voix de fausset°. Je me suis dit : « C'est peut-être un enfant. » Alors, j'ai levé° la tête. J'ai regardé le client... Quel choc ! Ce n'était pas un être humain° ! C'était un homme° avec une tête... Je n'ose° pas le dire... Une tête de cheval° !

d'abord : first(ly)
voix (f.) : voice
fausset (m.) : falsetto
lever : to raise
être humain (m.) : human being
homme (m.) : man
oser : to dare
cheval (m.) : horse

J'ai ouvert° grands les yeux et la bouche°. J'étais stupéfait : l'homme avait un grand manteau, une écharpe° et – je ne rêvais° pas – une vraie° tête de cheval ! Je me suis demandé : « Comment est-ce possible ? Suis-je fou ? »

ouvrir grand : to open wide
bouche (f.) : mouth
écharpe (f.) : scarf
vrai(e) : true

J'ai regardé les poils° sur son visage, ses grandes dents° quand il ouvrait la bouche. Il ne me regardait pas ; il écoutait la réponse du marchand.

poil (m.) : hair
dent (f.) : tooth

« Non, monsieur, désolé. Nous n'avons pas de sel. Uniquement du vin. Demandez au stand d'à côté° », a répondu le marchand. C'était incroyable° : le marchand n'était pas surpris. Il parlait normalement avec l'étonnant° personnage. J'ai regardé les gens autour° de moi : personne n'était étonné. Qu'est-ce qui se passait° ici ? J'avais peut-être des hallucinations ?

à côté : nearby
incroyable : incredible
étonnant(e) : astonishing, amazing
autour de moi : around me
qu'est-ce qui se passait ? : what was going on ?

L'homme-cheval s'est éloigné°. Sans° hésitation, j'ai posé° mon verre et je l'ai suivi°. Il marchait dans la foule°. Il marchait vite°. Il marchait de plus en plus° vite. J'ai couru° derrière° lui.

s'éloigner : to go away
sans : without
poser : to put (down)
suivre : to follow
foule (f.) : crowd
vite (adv.) : fast
de plus en plus : more and more
courir : to run
derrière : behind

Mais il y avait trop de monde. Bientôt°, je ne distinguais presque plus le fabuleux personnage. Finalement, il a disparu° dans la foule. C'était fini. Je ne le voyais plus.

bientôt : soon
disparaître : to vanish

J'avais les idées confuses° : « C'est absurde ! De plus°, il a oublié° son sel... » J'ai repensé° au vieux prophète... Mais quel rapport° avec mon destin ? Et comme "personne charmante", il y avait mieux°...

confus(e) : muddled
de plus : moreover
oublier : to forget
repenser : to think again
rapport (m.) : relationship, connection
quel rapport avec : what does it have to do with...
il y a mieux : there must be something better

J'étais dans une drôle° de situation : qu'est-ce qu'on fait quand on voit un homme avec une tête de cheval ? On va à la police ? On appelle les journalistes ? Personne ne me croirait...

drôle (de) : strange

Je suis rentré° à l'hôtel. Déjà°, le ciel devenait° nuageux° ; le temps° changeait vite. Madame Murier était dans la cour°. Elle rentrait° les chaises de jardin.

rentrer : to return, to come back
déjà : already
devenir : to become
nuageux (-se) : cloudy
temps (m.) : weather
cour (f.) : yard
rentrer qqch : to bring/take in

Elle m'a demandé : « Vous avez acheté du bon vin ? » C'était vrai : j'avais oublié mon vin ! J'ai hésité un peu et j'ai répondu : « Oh ! J'ai changé d'avis°. Pour mes amis, je vais choisir un autre° cadeau°.

changer d'avis : to change one'smind
un autre : another
cadeau (m.) : gift

— Vous trouverez° quelque chose°. Il y a beaucoup de délicieuses spécialités dans la région.
— Oui, vous avez raison°. Bonsoir, madame Murier.
— Bonsoir, monsieur Quentin. »

Je suis resté° dix jours à Peynac. Pendant° ces dix jours, je n'ai pas revu° l'homme à tête de cheval.

trouver : to find (here : futur tense)

quelque chose : something
vous avez raison : you are right
rester : to stay
pendant : during
revoir : to see again

L'année suivante°, je ne suis pas retourné à Peynac. J'avais beaucoup de travail. J'aidais° mon frère. Il aménageait° son magasin. Mais deux ans plus tard, j'ai fait ma valise, et j'ai pris le train pour le sud.

suivant(e) : next
aider : to help
aménager : to arrange

Je suis arrivé à Peynac vers° midi. Il faisait beau ; le soleil° brillait°. La température était agréable. Nous étions en mai; c'était dimanche. Sur la place du village, il y avait un bistrot sympathique : « Chez Catherine ». Il y avait beaucoup de monde à la terrasse.

vers : around
soleil (m.) : sun
briller : to shine

Justement°, j'avais envie° d'un sandwich avec un café. Je me suis assis° à une table dehors°. J'ai commandé un sandwich à la mozzarella et un café. L'atmosphère était joyeuse. Et la place était belle. J'ai admiré les vieilles maisons. J'ai regardé les gens. Des enfants jouaient au ballon. Des dames discutaient devant une boutique.

justement : it so happens that
avoir envie de : to feel like, to want
s'asseoir : to sit down
dehors : outside

Le temps a passé°. J'ai mangé mon sandwich. J'ai terminé mon café. J'ai voulu payer l'addition°, mais la serveuse n'était pas là. Alors, je suis entré dans le bistrot.

Sur le comptoir°, il y avait des verres, des tasses° vides°, mais aussi des prospectus et des programmes de spectacles. J'ai regardé les prospectus. Il y avait peut-être un programme intéressant. Apparemment, on pouvait visiter un atelier° de sculpteur.

passer : to go by
addition (f.) : bill
comptoir (m.) : counter
tasse (f.) : cup
vide : empty
atelier (m.) : studio

Je ne savais° pas qu'il y avait un atelier de sculpteur à Peynac. J'ai regardé les photos sur le prospectus. Tout à coup, j'ai eu une énorme surprise : sur la photo, une sculpture représentait… un homme avec une tête de cheval ! C'était incroyable°. Est-ce que c'était une coïncidence ? J'ai pris le prospectus, je l'ai mis° dans ma poche°. J'ai payé mon addition et je suis sorti° dans la rue.

savoir : to know
incroyable : unbelievable
mettre : to put
poche (f.) : pocket
sortir : to go out

Je devais° voir cet atelier. Il était dans la rue° des Pêcheurs, numéro 23. Je connaissais° cette rue, mais je ne connaissais pas cet atelier de sculpteur… Il était peut-être nouveau ? J'ai traversé° le village. Je suis passé devant l'église°.

Des touristes prenaient des photos. J'ai continué ; j'étais pressé. J'ai tourné à droite, j'ai tourné à gauche. Les rues étaient de plus en plus étroites°. Finalement, j'ai trouvé la petite rue des Pêcheurs. Au numéro 23, il y avait une belle grande vitrine°.

devoir : to have to, must
rue (f.) : street
connaître : to know
traverser : to cross
église (f.) : church
étroit(e) : narrow
vitrine (f.) : shop window

C'était l'atelier du sculpteur. J'ai regardé à l'intérieur. Beaucoup de grandes sculptures étaient exposées°. Il y avait aussi des sculptures plus petites, sur des étagères°. C'étaient des personnages burlesques – mi-hommes°, mi-animaux – et des personnages de légende. Dans un coin° de l'atelier, j'ai vu l'homme à tête de cheval. C'était une grande figure en bronze.

exposer : to exhibit
étagère (f.) : shelf
mi- : half
coin (m.) : corner

J'étais stupéfait. « Il existe ! Mais il n'est plus vivant° ! » La porte° de l'atelier était ouverte. Je suis entré.

vivant(e) : alive
porte (f.) : door

Je n'ai plus jamais° quitté° cet atelier. Aujourd'hui, j'habite ici. Oui, j'habite à Peynac, rue des Pêcheurs. Qu'est-ce qui s'est passé° ? Eh bien, j'ai rencontré le sculpteur. C'était une sculptrice...

plus jamais : never again
quitter : to leave
se passer : to happen

C'était véritablement° une personne charmante. Est-ce que c'était cela, mon destin ? Elle s'appelait Anaïs. Mais aujourd'hui, je l'appelle° Nana. Nous vivons° ensemble, et nous sommes heureux. Si j'ai rencontré Nana, c'est grâce° à l'homme à tête de cheval.

véritablement : really
appeler : to call
vivre : to live
grâce à : thanks to

Comment l'homme à tête de cheval, une sculpture de bronze, était-il devenu° vivant ? Personne° ne le sait. C'est un mystère. Mais aujourd'hui, je ne me pose° plus° de questions...

devenir : to become
personne...ne : nobody
se poser des questions : to ask yourself questions
ne...plus : no more, no longer

La Sirène

C'était un camping calme et tranquille°, planté de mûriers°. J'avais une tente° pour une personne. Sa couleur était verte. Elle était installée dans l'herbe°, sous un arbre. J'avais aussi un parasol, une petite table et une chaise. Avec un réchaud° et des casseroles, je faisais la cuisine°.

tranquille : calm, quiet
mûrier (m.) : mulberry tree
tente (f.) : tent
herbe (f.) : grass
réchaud (m.) : portable stove
faire la cuisine : to cook

C'était l'été, et il faisait chaud. La plage°, une jolie plage de galets°, était à cinq minutes. À l'entrée° du camping, il y avait une réception, une boutique et un petit restaurant.

plage (f.) : beach
galet (m.) : pebble
entrée (f.) : entrance

J'avais quelques° voisins° : un couple sympathique, avec un chien. Ils avaient une caravane°. Plus loin, un autre couple campait° avec un jeune garçon. « Nous venons tous les ans, disaient-ils, c'est le plus beau camping du monde°. »

quelques : a few, several, some
voisin (m.) : neighbour
caravane (f.) : caravan, trailer
camper : to camp
monde (m.) : world

Cette année, j'avais de longues vacances. J'étais ici depuis° déjà° deux semaines. Je me reposais°. J'avais une vie° agitée°, alors je savourais° le calme. La lenteur°. Le silence. Je prenais mon temps°. Le temps passe° moins vite quand on n'est pas pressé°.

depuis : since
déjà : already
se reposer : to rest
vie (f.) : life
agité(e) : restless
savourer : to savour
lenteur (f.) : slowness
temps (m.) : time
passer : to go past
pressé(e) : hurried

J'appréciais° les gestes quotidiens° : faire la cuisine, la vaisselle°, le marché… La simplicité me nourrissait°.

apprécier : to appreciate, to value
quotidien(ne) : daily
faire la vaisselle : to do the washing-up
nourrir : to feed, to nourish

Tous les matins, j'allais à la plage. La petite crique° était bien abritée°. À huit heures, il n'y avait personne. L'air était pur et doux°. La mer° était calme. Au loin, des bateaux° passaient avec leurs grandes voiles° blanches.

crique (f.) : cove, inlet
abrité(e) : sheltered
doux (-ce) : soft, mild
mer (f.) : sea
bateau (m.) : ship, boat
voile (f.) : sail

J'allais pieds° nus sur les galets, et j'entrais dans l'eau claire. Je nageais° loin et longtemps. Je savourais la fraîcheur° de l'eau. Les rayons° du soleil se reflétaient° sur l'eau et m'éblouissaient°. Je fermais les yeux.

pieds nus : bare-footed
nager : to swim
fraîcheur (f.) : coolness
rayon (m.) : beam
se refléter : to reflect
éblouir : to dazzle

Quand je revenais sur la plage, des vacanciers° étaient arrivés. Ils ouvraient leurs parasols. Je m'asseyais° sur ma serviette, et je rêvais quelques instants°.

vacancier (m.) : vacationer
s'asseoir : to sit down
instant (m.) : instant, moment

J'écoutais le bruit° des vagues° et les rires° des enfants. Mais je ne restais° pas longtemps. J'avais très faim°. Je retournais au camping, et je prenais une douche. Je m'habillais et je préparais un café, des biscottes, des fruits...

bruit (m.) : noise, sound
vague (f.) : wave
rire (m.) : laugh, laughter
rester : to stay
avoir faim : to be hungry

Deux fois° par semaine, je faisais les courses. Je prenais mon sac à dos°, et j'allais au village. Je passais par le sentier° littoral. Pendant le trajet°, j'admirais la belle Méditerranée. Je faisais le marché. J'achetais du pain, des fruits, des légumes et des boissons.

deux fois : twice
sac (m.) à dos : rucksack, backpack
sentier (m.) : path
trajet (m.) : way, route

Quand je revenais, mon sac à dos plein°, il faisait très chaud et je transpirais°. Mais j'aimais cette sensation. Je sentais° mon corps°. Je vivais°.

plein(e) : full
transpirer : to sweat
sentir : to feel
corps (m.) : body
vivre : to live

Au retour, je passais devant les caravanes ; je disais bonjour à mes voisins. Assis sur des chaises longues°, ils discutaient et se reposaient. Ils me demandaient : « L'eau est bonne, aujourd'hui ?
— Moins chaude qu'hier, mais excellente ! » Je caressais° le petit chien.

chaise longue (f.) : transat
caresser : to stroke

L'après-midi, je me promenais. Mais plus souvent°, je restais au camping et je lisais un livre. Le soir, quand le soleil se couchait°, je m'asseyais dans l'herbe° et je regardais le ciel°.

souvent : often
se coucher : to set (sun), to go to bed
herbe (f.) : grass
ciel (m.) : sky

Les premières étoiles° apparaissaient°. J'imaginais que je volais° vers elles, ces milliards de soleils répétés à l'infini°.

Alors mon univers, d'habitude° si minuscule, avec la petite tente, la plage et le village, s'élargissait° et enflait°. Il était grand. Il était immense.

étoile (f.) : star
apparaître : to appear
voler : to fly
à l'infini : endlessly
d'habitude : usually
s'élargir : to broaden, to expand
enfler : to swell

Finalement, je me levais. Je rangeais° mes affaires, je me brossais les dents et je me couchais.

Ce soir-là, c'était le trente juin. Il faisait très chaud, et je dormais mal. J'avais soif°.

ranger : to tidy up
avoir soif (f.) : to be thirsty

Vers trois heures, je me suis levé. J'ai ouvert doucement° la tente et je suis allé aux lavabos. Dans la nuit, la lune° éclairait° un peu le chemin°. J'ai passé de l'eau sur mon visage°. J'ai écouté.

doucement : gently, softly
lune (f.) : moon
éclairer : to light up
chemin (m.) : way, road, path
visage (m.) : face

Tout dormait dans le camping. Seules quelques sauterelles° sifflaient° doucement. L'air était chaud, et il n'y avait pas de vent°.

sauterelle (f.) : grasshopper
siffler : to whistle
vent (m.) : wind

Je suis revenu à ma tente. J'ai soulevé° le rideau° pour entrer. Alors, derrière la toile°, j'ai entendu un petit cri°. Surpris°, j'ai reculé°. J'ai demandé: « Qui est là ? » Debout° dans la nuit, les yeux écarquillés° pour essayer° de voir quelque chose, j'ai attendu.

soulever : to raise
rideau (m.) : curtain
toile (f.) : canvas
cri (m.) : cry, shout
surpris(e) : surprised, stunned
reculer : to move back
debout : standing up
écarquiller les yeux : to open one's eyes wide
essayer : to try

Dans la tente, une petite voix a demandé, sur un ton irrité° : « Qu'est-ce que vous faites ici ? Partez !
— Mais... Vous êtes dans ma tente.
— Ce n'est pas vrai. Vous êtes chez moi ! Partez ! »

irrité(e) : irritated

Déconcerté°, j'ai regardé à droite... à gauche... Sous la lumière de la lune, je reconnaissais bien ma tente, mes affaires... J'ai murmuré° à travers la toile : « Vous vous trompez°, c'est vous qui êtes chez moi. »

déconcerté(e) : abashed
murmurer : to murmur
se tromper : to make a mistake

Pendant quelques secondes, je n'ai plus rien entendu. Puis, doucement, le rideau s'est soulevé. Une petite main° blanche est apparue. Puis un bras°... et un visage... C'était une jeune femme. Maintenant, elle était debout devant la tente, et ses cheveux blonds scintillaient° sous la lune.

main (f.) : hand
bras (m.) : arm
scintiller : to twinkle

Elle portait un long paréo° autour° de la taille. Sa beauté° était irréelle. Elle a dit sans me regarder : « Je dormais... » J'ai distingué° un petit reproche° dans sa voix. Timidement°, j'ai dit : « Pardon, mais pourquoi dormez-vous dans ma tente ? »

paréo (m.) : wraparound skirt
autour de : around
beauté (f.) : beauty
distinguer : to discern
reproche (m.) : reproach
timidement : timidly

Tout à coup°, elle a semblé° se réveiller. Un peu effrayée°, elle a dit : « Excusez-moi, j'ai fait erreur°. » Alors, elle s'est enfuie° et a disparu.

tout à coup : suddenly
sembler : to seem
effrayé(e) : frightened
faire erreur : to make a mistake
s'enfuir : to run away

Pendant quelques minutes, je suis restée là, sans bouger°. J'étais stupéfait°. Enfin, je suis entré dans la tente. Dans l'obscurité°, j'ai perçu° un léger parfum, mi-fruité, mi-marin. J'ai pensé : « Comme° c'est étrange° ! Pendant quelques minutes, quelqu'un a dormi° dans mon lit. »

bouger : to move
stupéfait(e) : amazed
obscurité (f.) : darkness
percevoir : to perceive, to detect
comme : as, like
étrange : strange
dormir : to sleep

Je me suis couché et j'ai fermé les yeux.

Je respirais° le parfum. Comme une partie d'elle-même, l'inconnue° l'avait laissé dans son sillage°. C'était comme si° elle était encore présente, ici, avec moi. Le parfum m'enivrait° et m'emplissait° de rêves°. J'ai souri°... et je me suis endormi°.

respirer : to breathe in
inconnu (m.) : unknown person
sillage (m.) : wake, trail
comme si : as if
enivrer : to intoxicate, to make drunk
emplir : to fill
rêve (m.) : dream
sourire : to smile
s'endormir : to fall asleep

J'ai rêvé comme je n'avais jamais encore° rêvé. J'ai rêvé des rêves marins, aériens°, cristallins. Il n'y a pas de mots pour les définir. C'étaient des rêves où régnaient° le tout et le rien° ; la lourdeur° et la légèreté° ; le simple et le complexe ; le passé et le futur.

jamais encore : never before
aérien(ne) : aerial
régner : to reign, to prevail
rien (m.) : nothingness
lourdeur (f.) : heaviness
légèreté (f.) : lightness

C'est le chant° des oiseaux° qui m'a réveillé. Il faisait jour. Une lumière satinée° inondait° la tente. Mais le parfum avait disparu°. Je me suis souvenu° de la rencontre de la nuit. Je me sentais lourd et vide° à la fois°. C'était peut-être la chaleur, ou les rêves étranges de la nuit. Je me suis levé et je suis allé à la douche.

chant (m.) : singing
oiseau (m.) : bird
satiné(e) : satiny
inonder : to flood
disparaître : to disappear
se souvenir (de) : to remember
vide : empty
à la fois : at once

Machinalement°, j'ai marché dans le camping. Comme d'habitude, je suis passé devant les caravanes et les tentes. Comme chaque matin, les campeurs se levaient et s'étiraient°. Comme tous les jours, les oiseaux cherchaient dans l'herbe les petits fruits des mûriers. Comme à chaque heure, les nuages fuyaient° dans le ciel. Mais quelque chose avait changé. Qu'est-ce que c'était ? Je me sentais isolé et inutile°.

machinalement : mechanically
s'étirer : to stretch out
fuir : to flee, to fly by
inutile : useless

J'ai décidé d'aller nager. Je voulais me rafraîchir° dans l'eau claire. Chasser° le voile° qui assombrissait° mon humeur°.

se rafraîchir : to freshen up
chasser : to dispel
voile (m.) : veil
assombrir : to darken

J'ai pris mon maillot° de bain, ma serviette, et je suis allé à la plage. Il n'y avait personne. J'ai nagé pendant quelques minutes. Mais je n'avais plus le même plaisir°.

humeur (f.) : mood
maillot de bain (m.) : bathing suit
plaisir (m.) : pleasure

Je suis revenu sur les galets et je me suis assis. J'ai réfléchi°. Le soleil montait au-dessus de la colline°. Aujourd'hui encore, il allait faire très chaud.

réfléchir : to reflect, to think
colline (f.) : hill

Mais maintenant, un sentiment m'oppressait°. Ou plutôt un besoin° ; une faim ; une soif. C'était une soif ancienne qui se réveillait. Une soif oubliée°, enterrée° depuis longtemps. Elle réapparaissait aujourd'hui. Pourquoi ? Et d'où venait-elle ?

oppresser : to oppress, to burden
besoin (m.) : need
oublier : to forget
enterrer : to bury

De retour à la tente, j'ai préparé du café et des tartines°. « Bonjour », a dit une voix° dans mon dos°. C'était le directeur du camping. « Il y a une fête ce soir, au restaurant du camping ; nous organisons un dîner avec de la musique. Voulez-vous réserver une table ? »

tartine (f.) : slice of bread
voix (f.) : voice
dos (m.) : back

Sans réfléchir, j'ai accepté. Habituellement, j'évitais° les fêtes ; j'étais plutôt° réservé° et solitaire. Mais aujourd'hui, c'était différent.

éviter : to avoid
plutôt : rather
réservé(e) : reticent, reserved

Le soir approchait°. Je me suis préparé. J'ai mis un pantalon, une chemise° et des sandales élégantes.

Quand je suis arrivé au restaurant, le serveur m'a indiqué° une table. Je me suis assis. Un peu plus loin, j'ai aperçu° mes voisins et leur fils. J'ai levé la main pour les saluer°. Un groupe de musiciens jouait de la musique brésilienne. L'atmosphère était détendue°.

approcher : to get nearer
chemise (f.) : shirt
indiquer : to show
apercevoir : to perceive, to see
saluer : to say hello, to greet
détendu(e) : relaxed

Je regardais les gens autour de moi. Ils avaient remplacé° leurs shorts et leurs tee-shirts par des robes° et des belles chemises. Une odeur° de fruits de mer et de poivrons° grillés flottait° dans l'air. Est-ce que j'allais revoir la jeune femme de la nuit ?

remplacer : to replace
robe (f.) : dress
odeur (f.) : smell, scent
poivron (m.) : pepper
flotter : to float

J'ai commandé un verre de vin et une paella. Pendant le repas°, j'ai discuté un peu avec mes voisins de table. Nous avons parlé du beau temps et de la température de l'eau…

repas (m.) : meal

La paella était délicieuse. Après le dessert, des couples se sont levés et ont commencé à danser. Ils avaient chaud ; leurs joues° étaient roses.

joue (f.) : cheek

Le temps passait. Les gens s'amusaient° beaucoup. Mais je m'ennuyais°. Je ne me sentais pas à ma place. Je me suis levé, et j'ai payé mon addition. J'ai marché dans les allées désertes°, plongé° dans mes rêveries°. J'oubliais le temps et l'espace autour de moi.

s'amuser : to enjoy oneself
s'ennuyer : to be bored
désert(e) : deserted
plongé(e) : immerse
rêverie (f.) : daydreaming

Tout à coup, j'ai réalisé que j'étais à la plage. Au loin, j'entendais les sons de la musique. La lune se reflétait° sur l'eau comme des milliers° d'étoiles. Un voilier° se balançait° au rythme des vagues.

se refléter : to reflect
millier (m.) : thousand
voilier (m.) : sailboat
se balancer : to sway, to swing

J'ai regardé autour de moi. Deux jeunes garçons lançaient° des galets sur la surface de l'eau. Les galets frappaient° les vagues et ricochaient°. Je me suis assis sur le sol°.

lancer : throw
frapper : to hit
ricocher : to rebound
sol (m.) : ground

Alors, à ma gauche, j'ai aperçu une personne seule, assise° comme moi sur les cailloux. Je l'ai reconnue immédiatement. C'était l'inconnue de la nuit, enveloppée° dans ses cheveux blonds et son paréo bleu.

assis(e) : sitting
envelopper : to wrap

Au même instant, elle m'a aperçu aussi. Son regard° était bleu comme la mer. Elle a dit : « Bonsoir. » Alors, j'ai réalisé que le paréo était en réalité une longue et fine° queue° de poisson…

regard (m.) : gaze
fin(e) : fine, delicate
queue (f.) : tail

La sirène a dit, de sa voix douce : « J'espère que je ne vous ai pas trop effrayé° la nuit dernière. » J'ai répondu : « Non, non. Au contraire, c'est moi qui vous ai effrayée. Je suis vraiment désolé.

effrayer : to frighten, to scare

— Oh, ne vous inquiétez pas. Ce n'est pas votre faute°. Je suis somnambule°… Je nage pour venir sur la plage. La nuit dernière, j'ai nagé pendant mon sommeil°. J'ai trouvé votre tente, et je me suis couchée.
— Vous habitez loin ?
— Non. Je suis partout° chez moi. »

faute (f.) : fault, mistake
somnambule : sleepwalker
sommeil (m.) : sleep
partout : everywhere

L'instant était extraordinaire. Je me sentais bien, détendu. J'avais l'impression° de connaître cet être° depuis toujours.

impression (f.) : impression, feeling
être (m.) : being

Elle a voulu connaître mon passé et mes projets futurs. J'ai parlé avec légèreté. Je lui ai raconté° ma vie. J'avais oublié le bonheur d'être écouté. Elle m'a demandé mes goûts° et mes rêves. Elle a souhaité connaître mes joies° et mes peines°.

raconter : to tell
goût (m.) : taste
joie (f.) : joy
peine (f.) : sorrow, grief

Jamais personne ne m'avait si° bien écouté. Avec elle, j'étais moi-même.

si : so

Un bien-être° m'emplissait° le cœur°. Je me sentais accepté et choyé°. C'était comme si des morceaux° de moi, autrefois séparés°, se retrouvaient°. La soif s'apaisait° de nouveau°... Nous avons parlé longtemps, mais les heures me semblaient° des minutes.

bien-être (m.) : well-being
emplir : to fill
cœur (m.) : heart
choyé(e) : shepherd, coddled
morceau (m.) : piece, bit
séparé(e) : separated
se retrouver : to come together again
s'apaiser : to calm down
de nouveau : again
sembler : to seem

Finalement, la jeune femme s'est levée et a dit : « Je vais partir, maintenant. Je suis heureuse de vous avoir rencontré.

Bouleversé°, je ne pouvais rien répondre.

Elle a souri : « Alors, à l'année prochaine !

— Oui, j'ai répondu, à l'année prochaine. »

bouleversé(e) : overwhelmed

Gracieusement, sa petite silhouette illuminée par la lune, elle est entrée dans la mer. Je l'ai regardée nager à la surface de l'eau. Ses cheveux blonds scintillaient, et son corps souple° ondulait° entre les vagues. Enfin, elle a disparu.

souple : supple, flexible
onduler : undulate, to wave

Je suis resté encore longtemps sur la plage. Le cœur léger, j'ai regardé la mer et l'horizon au loin. J'imaginais la petite sirène parmi° les poissons et les algues. Un sentiment de gratitude m'envahissait°. J'ai levé les yeux, et j'ai regardé le ciel. Lointaines° et inaccessibles, les étoiles m'observaient°. Elles avaient un air° si° bienveillant°.

parmi : among
envahir : to overcome
lointain(e) : distant
observer : to observe, to watch
air (m.) : appearance, look
si : so
bienveillant(e) : watchful, friendly, benevolent

GLOSSAIRE

A

à toi *yours*
l' **abeille (f.)** *bee*
abimé(e) *damaged*
d'abord *first(ly)*
aboyer *to bark*
abrité(e) *sheltered*
l' **addition (f.)** *bill*
adorer *to love*
aérien(ne) *aerial*
âgé(e) *old, elderly*
agité(e) *restless*
aider *to help*
aimable *friendly*
l' **air (m.)** *appearance, look*
ajouter *to add*
aller *to go*
alors *then*
l' **amandier (m.)** *almond tree*
aménager *to arrange, to set up*
s'amuser *to enjoy oneself*
s'apaiser *to calm down*
apercevoir *to perceive, to see*
apparaître *to appear*
appartenir *to belong*
appeler *to call*
apporter *to bring*
apprécier *to appreciate, to value*
approcher *to get nearer*
l' **après-midi (m.)** *afternoon*
assis(e) *sitting*
s'asseoir *to sit down*
assombrir *to darken*
l' **atelier (m.)** *studio*
attendre *to wait*
aujourd'hui *today*
autour de *around*
autre *other*
l' **avenir (m.)** *future*
l' **avis (m.)** *opinion*
  changer d'avis *to change one's mind*

B

se balancer *to sway, to swing*
le **bateau (m.)** *ship, boat*
le   **bateau de pêche (m.)** *fishing boat*
la **beauté (f.)** *beauty*
le **besoin (m.)** *need*
  avoir besoin de *to need*
bien (adv.) *well, correct(ly)*
le **bien-être (m.)** *well-being*
bien sûr *of course*
bientôt *soon*
bienveillant(e) *watchful, benevolent*
le **bijou (m.)** *jewel*
la **boisson (f.)** *drink*
la **boîte (f.)** *box*
le **bol (m.)** *bowl*
le **bonheur (m.)** *happiness*
le **bord (m.)** *edge*
la **bouche (f.)** *mouth*
bouger *to move*
bouleversé(e) *overwhelmed*

la **bouteille (f.) de lait (m.)** *milk bottle*
la **bouteille (f.) de vin (m.)** *bottle of wine*
le **bras (m.)** *arm*
briller *to shine*
bronzer *to get a suntan*
le **bruit (m.)** *noise, sound*

C

c'est à vous ? *is it yours ?*
le **cadeau (m.)** *gift*
le **caillou (m.)** *pebble, stone*
camper *to camp*
la **caravane (f.)** *caravan, trailer*
caresser *to stroke*
la **chaise longue (f.)** *transat*
la **chance (f.)** *luck*
changer *to change*
changer d'avis *to change one's mind*
le **chant (m.)** *singing*
charmant(e) *charming, delightful*
chasser *to dispel*
chaud(e) *warm*
le **chemin (m.)** *way, road, path*
le **chemin du retour** *way back*
la **cheminée (f.)** *fireplace*
la **chemise (f.)** *shirt*
le **cheval (m.)** *horse*
le **choc (m.)** *shock*
la **chorale (f.)** *choir*
choyé(e) *shepherd, coddled*
le **ciel (m.)** *sky*
le **cœur (m.)** *heart*
le **coin (m.)** *corner*
le **collectionneur (m.)** *collector*
la **colline (f.)** *hill*
comme *as, like*
comme ça *like that*
comme si *as if*
comment *how*
comptoir (m.) *counter*
confus(e) *muddled*
connaître *to know, to be acquainted with*
le **conseil (m.)** *advice*
content(e) *pleased*
contre *against*
la **coque (f.)** *cockle*
le **corps (m.)** *body*
le **côté (m.)** *side*
à côté de *next to*
se coucher *to set (sun), to go to bed*
la **cour (f.)** *yard*
courir *to run*
les **courses (f. pl.)** *shopping*
faire les courses *to do the grossery shopping*
craindre *to fear*
le **cri (m.)** *cry, shout*
crier *to shout, to cry*
la **crique (f.)** *cove, inlet*
croire *to believe*
le **cru (m.)** *vintage (of wine)*
cuisiner *to cook*

D

debout *standing up*
le **début (m.)** *beginning*
déconcerté(e) *abashed*
dehors *outside*
déjà *already*
demander *to ask*
se demander *to wonder*
la **dent (f.)** *tooth*

déposer *to put down*
depuis *since*
depuis longtemps *for a long time*
déranger *to disturb*
dernier(-ière) *last*
derrière *behind*
descendre *to get down ; to get off*
désert *deserted*
le **dessin (m.) animé** *cartoon*
le **destin (m.)** *destiny*
détendu(e) *relaxed*
devant *before, in front of*
devenir *to become*
devoir *to have to, to must*
dire *to say, to tell*
  se dire *to say to oneself, to reflect*
disparaître *to disappear, to vanish*
distinguer *to discern*
donc *therefore, so*
donner *to give*
dormir *to sleep*
le **dos (m.)** *back*
doucement *gently, softly*
la **douche (f.)** *shower*
doux(-ce) *soft, mild*
le **drap (m.)** *bed sheet*

E

éblouir *to dazzle*
écarquiller les yeux *to open one's eyes wide*
l' **écharpe (f.)** *scarf*
éclairer *to light up*
effrayé(e) *frightened*
effrayer *to frighten, to scare*
l' **église (f.)** *church*
eh bien ! *well !*
s'élargir *to broaden, to expand*
s'éloigner *to go away*
emplir *to fill*
encore *still*
encore une fois *one more time*
s'endormir *to fall asleep*
l' **endroit (m.)** *place*
enfler *to swell*
s'enfuir *to run away*
enivrer *to intoxicate, to make drunk*
s'ennuyer *to be bored*
enterrer *to bury*
entre *between*
l' **entrée (f.)** *entrance*
entrer *to go into, to go inside*
envahir *to overcome*
envelopper *to wrap*
l' **envie (f.)** *desire, wish, longing*
  avoir envie de *to feel like, to want, to wish*
environ *around, about*
l' **épouse (f.)** *wife, spouse*
l' **escalier (m.)** *stairs*
essayer *to try*
l' **estragon (m.)** *tarragon*
l' **étage (m.)** *floor*
l' **étagère (f.)** *shelf*
était (v. être) *was, used to be*
s'étirer *to stretch out*
l' **étoile (f.)** *star*
étonnant(e) *astonishing, amazing*
étrange *strange*
l' **être (m.)** *being*
l'   **être (m.) humain** *human being*
étroit(e) *narrow*
éviter *to avoid*

exposer *to exhibit*

F

la **faim (f.)** *hunger*
avoir faim *to be hungry*
faire *to make*
faire erreur *to make a mistake*
faire la cuisine *to cook*
faire la vaisselle *to do the washing-up*
falloir *must, have to, need to*
il faudrait *we should*
il faut *one has to*
la **faute (f.)** *fault, mistake*
fauteuil (m.) *armchair*
la **femme (f.)** *woman*
la **fenêtre (f.)** *window*
fin(e) *fine, delicate*
fleurir *to blossom*
flotter *to float*
ma foi, oui *well, yes*
la **fois (f.)** *time*
à la fois *at once*
deux fois *twice*
encore une fois *one more time*
fondant(e) *very tender*
fort(e) *strong, loud(ly)*
fou (f. : folle) *mad*
la **foule (f.)** *crowd*
la **fraîcheur (f.)** *coolness*
frapper *to hit*
fuir *to flee, to fly by*

G

le **galet (m.)** *pebble*
les **gens (m. pl.)** *people*
le **goût (m.)** *taste*
goûter *to taste*
grâce à *thanks to*
grave (ce n'est pas ~) *it doesn't matter*

H

habiter *to live*
l' **habitude (f.)** *habit*
habitude (avoir l'~) de *to be used to, accustomed to*
d'habitude *usually*
l' **herbe (f.)** *grass*
heureusement *fortunately*
l' **histoire (f.)** *story*
l' **hiver (m.)** *winter*
l' **homme (m.)** *man*
l' **humeur (f.)** *mood*

I

il y a 10 ans *10 years ago*
l' **impression (f.)** *impression, feeling*
l' **inconnu (m.)** *unknown person*
incroyable *incredible, unbelievable*
indiquer *to show*
l' **infini (m.)** *infinity*
inonder *to flood*
l' **instant (m.)** *instant, moment*
l' **intérêt (m.)** *interest*
quel intérêt *what's the point*
interroger *to question*
inutile *useless*
irrité(e) *irritated*

J

jamais *never*
ne...jamais *never*

jamais encore *never before*
la **joie (f.)** *joy*
la **joue (f.)** *cheek*
jusqu'à *until, up to*
justement *it so happens that*

L

le **lac (m.)** *lake*
le **lait (m.)** *milk*
lancer *throw*
léger (-ère) *light*
la **légèreté (f.)** *lightness*
le **légume (m.)** *vegetable*
le **lendemain matin (m.)** *the next morning*
la **lenteur (f.)** *slowness*
lever *to raise*
se lever *to get up, to stand up*
lire *to read*
loin *far away*
lointain(e) *distant*
longtemps *long, a long time*
la **lourdeur (f.)** *heaviness*
la **lune (f.)** *moon*

M

ma foi, oui *well, yes*
machinalement *mechanically*
le **maillot de bain (m.)** *bathing suit*
la **main (f.)** *hand*
maintenant *now*
la **mairie (f.)** *town concil*
mal (adv.) *badly*
malheureusement *unfortunately*
malheureux(-se) *unhappy*
le **manteau (m.)** *coat*
marcher *to walk*
le **mari (m.)** *husband*
même *even*
la **mer (f.)** *sea*
le **métier (m.)** *job*
mettre *to put*
mi- *half*
midi *midday*
la **miette (f.)** *crumb*
mieux (adv.) *better*
mignon(ne) *cute*
millier (m.) *thousand*
mince *thin*
le **monde (m.)** *world, people*
beaucoup de monde *many people*
tout le monde *everyone*
montrer *to show*
le **morceau (m.)** *piece, bit*
la **mouette (f.)** *seagull*
le **mur (m.)** *wall*
le **mûrier (m.)** *mulberry tree*
murmurer *to murmur*

N

nager *to swim*
ne...jamais *never*
ne...plus *no more, no longer*
ne...personne *nobody*
nombreux(-se) *numerous*
nourrir *to feed, to nourish*
nouveau (-velle) *new*
de nouveau *again*
le **nuage (m.)** *cloud*
nuageux(-se) *cloudy*

O

l' **obscurité (f.)** *darkness*

observer *to observe, to watch*
l' **odeur (f.)** *smell, scent*
offrir *to give, to offer*
l' **oiseau (m.)** *bird*
onduler *undulate, to wave*
oppresser *to oppress, to burden*
oser *to dare*
oublier *to forget*
ouvert(e) *open*
ouvrir *to open*
  s'ouvrir *to open*
  ouvrir grand *to open wide*

P

Pâques *Easter*
le **parapluie (m.)** *umbrella*
le **paréo (m.)** *wraparound skirt*
parmi *among*
partout *everywhere*
passer *to go by ; to go past*
  se passer *to happen*
la **patte (f.)** *paw*
le **paysage (m.)** *landscape*
la **pêche (f.)** *fishing*
pêcher *to fish*
le **pêcheur (m.)** *fisherman*
la **peine (f.)** *sorrow, grief*
la **pelle (f.)** *shovel*
pendant *during*
  pendant que *while*
le **pendentif (m.)** *pendant*
penser *to think*
percevoir *to perceive, to detect*
perdre *to lose*
perplexe *puzzled*
personne...ne *nobody*
la **personne (f.)** *person*
la **perte (f.)** *loss*
peut-être *perhaps, maybe*
picorer *to peck about*
le **pied (m.)** *foot*
  pieds nus *bare-footed*
la **pierre (f.)** *stone*
la **plage (f.)** *beach*
le **plaisir (m.)** *pleasure*
le **plat (m.) du jour** *dish of the day*
plein(e) *full*
pliant(e) *folding*
plongé(e) *immersed*
la **pluie (f.)** *rain*
plus *more*
  de plus *moreover*
  de plus en plus *more and more*
  ne...plus *no more, no longer*
  plus jamais *never again*
  plus loin *farther*
  plus tard *later*
plutôt *rather*
la **poche (f.)** *pocket*
le **poil (m.)** *hair*
le **poivron (m.)** *pepper*
la **pomme (f.) de terre (f.)** *potato*
le **port (m.)** *harbour, port*
le **portable (m.)** *cell phone*
la **porte (f.)** *door*
poser *to put (down)*
  poser des questions *to ask questions*
pour toujours *for ever*
pouvoir *to be able to*
premier(-ière) *first*
prendre *to take*
près de *near*
  près d'ici *nearby*
presque *almost*
pressé(e) *hurried*
prêt(e) *ready*
prier *to ask*
le **printemps (m.)** *spring*

la **promenade (f.)** *walk, stroll*
se promener *to walk, to go for a* walk
promettre *to promise*
propriétaire (m. or f.) *owner*

Q

quand *when*
quel intérêt ? *what's the point ?*
quel(le) *what, which*
quelque chose *something*
quelques *a few, several, some*
la **queue (f.)** *tail*
quitter *to leave*
quotidien(ne) (adj.) *daily*

R

raconter *to tell*
se rafraîchir *to freshen up*
le **rafraîchissement (m.)** *refreshment*
raison (vous avez ~) *(you are) right*
ramasser *to pick up*
rangé(e) *tidy, neat*
ranger *to tidy up*
le **rapport (m.)** *relationship, connection*
ravi(e) *delighted*
le **rayon (m.)** *beam*
reculer *to move back*
redescendre *to go down again*
réfléchir *to think, to reflect*
se refléter *to reflect*
le **regard (m.)** *gaze*
régner *to reign, to prevail*
remplacer *to replace*
la **rencontre (f.)** *meeting, encounter*
rencontrer *to meet*
rendre *to give back*
rentrer *to return home*
rentrer qqch *to bring in, to take in*
le **repas (m.)** *meal*
repenser *to think again*
répondre *to answer*
se reposer *to rest*
le **reproche (m.)** *reproach*
réservé(e) *discreet, reserved*
respirer *to breathe (in)*
rester *to be left, to remain ; to stay*
retourner *to turn around ; to go back*
la **retraite (f.)** *retirement*
se retrouver *to come together again*
le **rêve (m .)** *dream*
réveiller qqn *to wake sb up*
se réveiller *to wake up*
revenir *to come back*
rêver *to dream*
la **rêverie (f.)** *daydreaming*
revoir *to see again*
le **rez-de-chaussée (m.)** *ground floor*
ricocher *to rebound*
le **rideau (m.)** *curtain*
le **rien (m.)** *nothingness*
le **rire (m.)** *laugh, laughter*
la **robe (f.)** *dress*
la **rue (f.)** *street*

S

le **sable (m.)** *sand*
le **sac (m.) à dos** *rucksack, backpack*
saluer *to say hello, to greet*
sans *without*
satiné(e) *satiny*
la **sauterelle (f.)** *grasshopper*
sauvage *wild*
savoir *to know*
savourer *to savour*
scintiller *to twinkle*
le **seau (m.)** *bucket*
le **sel (m.)** *salt*
sembler *to seem*
le **sentier (m.)** *path*
sentir qch *to feel sth*
  se sentir *to feel*
séparé(e) *separated*
serrer la main *to shake hands*
la **serviette (f.)** *towel*
seul(e) *alone*
seulement *only*
si *so*
siffler *to whistle*
le **sillage (m.)** *wake, trail*
la **soif (f.)** *thirst*
  avoir soif *to be thirsty*
la **soirée (f.)** *evening*
le **sol (m.)** *ground*
le **soleil (m.)** *sun*
le **sommeil (m.)** *sleep*
somnambule *sleepwalker*
sonner *to ring*
sortir *to go out*
soulever *to raise*
souple *supple, flexible*
le **sourire (m.)** *smile*
sourire *to smile*
se souvenir (de) *to remember*
souvent *often*
stupéfait(e) *amazed*
suivant(e) *next*
suivre *to follow*
surpris(e) *surprised, stunned*
surtout *above all*

T

tant mieux *so much the better*
tard *late*
la **tartine (f.)** *slice of bread*
la **tasse (f.)** *cup*
tellement *so much*
le **temps (m.)** *time, weather*
la **tente (f.)** *tent*
la **tête (f.)** *head*
le **TGV (m.)** *Train Grande Vitesse (high speed train)*
timidement *timidly*
la **toile (f.)** *canvas*
toujours *always*
  pour toujours *for ever*
tourner *to turn*
tout à coup *suddenly*
tout le monde *everyone*
tout près d'ici *nearby*
le **trajet (m.)** *way, route*
tranquille *calm, quiet*
transpirer *to sweat*
traverser *to cross*
se tromper *to make a mistake*
trop *too ; too much ; too many*
le **trottoir (m.)** *pavement, sidewalk*
trouver *to find*

V

le **vacancier (m.)** *vacationer*
la **vague (f.)** *wave*
la **valise (f.)** *bag*
le **vélo (m.)** *bike*

le **vent (m.)** *wind*
véritablement *really*
le **verre (m.)** *glass*
vers *around*
vide *empty*
vie (f.) *life*
la **vigne (f.)** *vineyard*
le **visage (m.)** *face*
vite (adv.) *fast*
la **vitrine (f.)** *shop window*
vivant(e) *alive, living*
vivre *to live*
la **voile (f.)** *sail*
le **voile (m.)** *veil*
le **voilier (m.)** *sailboat*
voir *to see*
le **voisin (m.)** *neighbour*
la **voix (f.)** *voice*
voler *to fly*
le **volet (m.)** *shutter*
vrai(e) *true*
vraiment *really*

Y

les **yeux (m.pl.)** *eyes*

Bibliographie

Other books by Sylvie Lainé :

Le Pendentif, ~present tense~ ISBN: 9782370610126
Voyage en France, ISBN : 9782370610072
Voyage à Marseille, ISBN : 9782370610201

Notes

Notes

Notes

Notes

23886675R00036

Printed in Great Britain
by Amazon